HENNEMONT.

RAPPORT

FAIT

A LA SOCIÉTÉ D'HORTICULTURE DE SAINT-GERMAIN-EN-LAYE,

PAR

M. ALPHONSE RENARD,

SECRÉTAIRE GÉNÉRAL.

SAINT-GERMAIN-EN-LAYE

IMPRIMERIE ET LIBRAIRIE DE H. PICAULT.

RUE DE PARIS, 27.

1859

HENNEMONT.

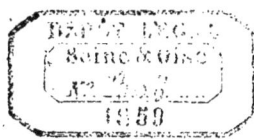

RAPPORT

FAIT

A LA SOCIÉTÉ D'HORTICULTURE DE SAINT-GERMAIN-EN-LAYE,

PAR

M. ALPHONSE RENARD,

SECRÉTAIRE GÉNÉRAL.

SAINT-GERMAIN-EN-LAYE

IMPRIMERIE ET LIBRAIRIE DE H. PICAULT,

RUE DE PARIS, 27.

—

1859

HENNEMONT.

A deux kilomètres environ de Saint-Germain-en-Laye, un peu à gauche de la route qui conduit de cette ville à Mantes, et sur le bord de l'ancien chemin qui reliait ces deux villes, est un domaine connu sous le nom d'*Hennemont*, qui appartient à M. Charles Gosselin, un des fondateurs de notre Société, aujourd'hui notre président honoraire. Vous avez désigné plusieurs des membres de la Société pour visiter ce domaine, l'un des mieux situés et des plus attrayants dans nos environs ; votre Commission a pensé qu'elle ne devait pas s'occuper seulement de ce qui existe aujourd'hui, et qu'il ne lui était pas permis de négliger l'importance historique de cette belle propriété.

Grâce aux notes fournies par M. Napoléon Laurent, l'un de nos honorables sociétaires, qui ne néglige rien de ce qui se rattache à notre cité, et qui nous a donné notamment les indications, pleines d'une érudition fort ingénieuse, que nous allons reproduire sur l'origine étymologique ; grâce aux documents qui existaient déjà et aux recherches nouvelles que nous avons faites, nous avons pu réunir des renseignements assez complets. Certes, nous n'entendons pas dire qu'il n'y ait plus rien à trouver : il existe sans doute encore des pièces intéressantes et précieuses enfouies dans des archives, et qui ont échappé à nos investigations ; mais il faudrait, pour les rencontrer, un long temps qui n'était pas à notre disposition, et un heureux hasard que nous ne pouvions attendre. Notre travail aura du moins le mérite de l'exactitude.

Recherchons d'abord d'où vient le nom du lieu dont nous nous occupons.

Hennemont, Hannemont, Annemont ou *Anemònt* vient-il du grec *anemos* (ἄνεμος) le vent, ou *anemônê* (ἀνεμώνη) anémone, fleur du vent, fleur qui s'ouvre au vent, dont la naissance est due à la mort d'Adonis : mort heureuse pour les horticulteurs, puisqu'en faisant naître l'anémone du sang de ce mortel regretté, Vénus se piqua aux épines d'un rosier et rougit, du sang qui coula de sa blessure, les roses qui jusqu'alors avaient été blanches.

S'il en est ainsi, ce lieu a été consacré à Adonis, et on y a célébré des fêtes où l'on portait du blé, des fleurs, des fruits, des arbres, comme dans nos fêtes de l'horticulture.

Hennemont viendrait-il plutôt de *Annæ mons*, montagne de la déesse Anna qui présidait aux années, ou montagne gracieuse, agréable, ou des Grâces, le nom latin *Anna* venant de l'hébreu *hanna*, qui a cette signification ?

Faut-il s'en tenir, avec quelques étymologistes et d'après l'*Annuaire de Saint-Germain de 1848*, à *Enneæ mons*, montagne de Cérès, surnommée Ennea à cause de la ville d'Enna, en Sicile, où elle faisait son séjour ordinaire et où elle a eu un temple magnifique ?

Plusieurs prétendent que *henne* ou *hanne* vient du celtique *henn* qui signifie *vieux* et *ancien*, ou du grec *enos* (ἔνος) qui a aussi cette signification. En admettant cette hypothèse, Hennemont doit se traduire par *vieille montagne, vieille butte*, nom que porte encore une partie du territoire situé près d'Hennemont.

D'autres pensent que Hannemont ou Hennemont est un lieu qui a appartenu à *saint Annemond* ou *Ennemond, Annemondus* ou *Ennemondus*, évêque de Lyon, que Clovis II choisit pour être, avec saint Éloi, parrain de son fils aîné Clotaire III, né en 652 de son mariage avec sainte Bathilde.

Quoi qu'il en soit, le savant abbé Lebeuf, dans son *Histoire du Diocèse de Paris*, dit qu'on reconnaît dans Hennemont, qu'il écrit *Hainemont*, *Hannemont* et *Anemont*, l'*Hannidum* de la Chronique de l'abbaye de Saint-Vandrille écrite vers l'an 1000.

Mais, d'où vient *Hannidum* ?

Vient-il des mots celtiques *henn* et *dum*, *dun* ou *dunum* ? Il signifie bien : *vieux mont, vieille colline, vieille butte.*

Est-ce du celtique *henn* ou du grec *enos* et du mot *dum* abréviation du mot latin *dumus* ? Alors il signifie : *vieux bois.*

Si à l'*henn* celtique ou à l'*enos* grec on préfère l'*hanna* hébreu on l'*anna* latin, *Hannidum* signifie : *bois gracieux, agréable.*

Si *dum* est une abréviation de *domus* par changement de l'*o* en *u*, ces deux lettres se substituant souvent l'une à l'autre comme l'*a* et l'*e*, *Hannidum* voudrait dire : *maison* ou *édifice d'Anna* ou *d'Ennea*.

Chacune de ces hypothèses a une apparence de réalité, mais celle qui semble la plus sérieuse est celle qui fait venir Hannidum ou Hennemont (l'*h* n'étant qu'un signe d'aspiration qu'on ajoutait ou omettait souvent de même que la lettre double *n*), de *Æneis*, surnom de Vénus à cause de son fils Enée (*Æneas* en latin, *Aineias* (Αἰνείας) en grec, et des mots *dumus*, *domus* ou *mons*, par la raison que Jules César, vainqueur des Gaules, qui prétendait descendre de Vénus par Enée, avait dû lui consacrer des montagnes, des bois, et lui élever des temples dans un pays qu'il habita dix ans et qu'il gouverna ensuite pendant cinq ans encore, jusqu'à sa mort arrivée l'an 44 avant l'ère chrétienne.

On doit d'autant mieux le croire, qu'il existe une commune du nom d'Hennemont, près Verdun (Meuse) ; — une autre, nommée Saint-Ennemont, près Moulins (Allier), — et un Ennemont dans les environs de Dijon.

Vénus était, du reste, adorée dans la Gaule comme présidànt aux mariages ; elle avait à Rouen un temple remarquable que saint Romain fit détruire vers l'année 630.

Ce qui doit surtout, Messieurs, nous faire croire à une origine de dénomination latine, en supposant qu'il n'y ait pas là reproduction d'un nom d'homme, c'est la terminaison du mot, laquelle nous amène naturellement à penser que la première partie de ce mot est également latine ; mais il nous faut, sur ce point, nous en tenir à des conjectures.

Le premier document officiel que nous trouvons sur Hennemont est de 1140, époque à laquelle Louis VII, dit le Jeune, accorde aux moines de Notre-Dame-des-Champs, près Paris, les coutumes qu'il avait données à Barthélemy de Fourqueux, sur les hommes d'Anemont (*Anemonte*) et de Fourqueux (*Fulcona*).

En 1260, Louis IX fait ériger à Hennemont une chapelle sous l'invocation de saint Thibaud de Marly, aux prières duquel il croyait devoir la fécondité de la reine Marguerite sa femme, qui lui donna onze enfants après une stérilité de cinq ans. Saint Thibaud de Marly, mort le 8 décembre 1247, était fils de Bouchard de Montmorency, seigneur de Marly, qui mourut en 1226, au retour du siége et de la prise d'Avignon où il avait accompagné Louis VIII, et petit-fils de Mathieu de Montmorency, seigneur de Marly, qui accompagna Philippe-Auguste en Palestine en 1191 (3ᵉ croisade), et mourut, en 1204, au siége de Constantinople (4ᵉ croisade). La fête de saint Thibaud était célébrée le 8 juillet (1).

---

(1) Il existe encore à Marly une fontaine Saint-Thibaud, connue généralement dans le pays sous le nom de *Mare Thibou*. Sur la tranche d'une dalle qui recouvre la fontaine, est gravée l'inscription suivante, dont le texte est remarquable à cause de la date qu'elle porte : « *Fontaine Saint-Thibaud.* 1795. *An II de la République.* »

Au mois de mai 1289, Philippe IV, dit le Bel, étant à Saint-Germain-en-Laye, donne la maison vulgairement appelée de Hannemont à la demoiselle Pétronille de Gery, et, au mois de décembre 1299, le même roi confirme cette donation en autorisant la demoiselle de Gery à affecter, selon son désir, la maison de Hannemont à un établissement religieux.

Ces lettres patentes, octroyées en latin, forment, en quelque sorte, un des titres fondamentaux du prieuré d'Hennemont ; aussi nous croyons utile de vous en donner la traduction complète.

« Philippe, par la grâce de Dieu roi des Français, savoir fai-
» sons à tous tant présents qu'à venir, que Nous, voulant récom-
» penser les agréables services que notre bien-aimée en Christ
» Pétronille de Gery a rendus à Isabelle reine de France, d'il-
» lustre mémoire, notre très-chère mère, pendant sa vie, et par
» après à Jeanne reine de France, notre très-chère compagne,

» Nous lui avons donné, de grâce spéciale, la maison vulgai-
» rement appelée de Hannemont, avec tous les droits, revenus,
» étendues, accroissements et appartenances, pour être possédée
» par elle, ses héritiers et successeurs à perpétuité et hérédi-
» tairement, tout ainsi qu'il est plus pleinement contenu en nos
» lettres faites sur cette concession, desquelles la teneur est telle :

» Philippe, par la grâce de Dieu roi de France, savoir faisons
» à tous tant présents qu'à venir, que Nous, considérant les bons
» et agréables services rendus longtemps et fidèlement à Isabelle,
» d'illustre mémoire, reine de France, notre très-chère mère,
» par demoiselle Pétronille de Gery, et ceux qu'elle rend chaque
» jour incessamment à Jeanne, par la grâce de Dieu reine de
» France, notre très-chère compagne, en récompense de ces ser-
» vices, nous donnons et concédons à perpétuité à ladite demoi-
» selle Pétronille et à ses héritiers et successeurs, la maison qui
» est vulgairement appelée Hannemont, avec tous les droits, re-
» venus, étendues, accroissements et dépendances de ladite mai-
» son, et les autres choses quelconques auxquelles nous aurons

» droit à cause de cette maison et de ses appartenances, pour,
» par demoiselle de Gery, ses héritiers et successeurs ou ayant-
» cause, avoir, posséder et aussi exploiter à perpétuité, ne re-
» tenant rien, dans les choses susdites, que la haute justice pour
» nous et nos successeurs.

» De plus, nous voulons et ajoutons, avec ce qui vient d'être
» dit, que la même demoiselle et les siens susdits qui tiendront
» ensuite ladite maison, aient et possèdent, dans notre forêt de
» Laye, leur usage pour un gros chêne sec tant pour brûler que
» pour réparer les bâtiments et autres choses nécessaires de ladite
» maison toutes les fois qu'ils en auront besoin ; et aussi leur
» usage comme les autres usagers ont coutume de le percevoir
» et avoir, concédant à ladite demoiselle Pétronille, à ses héritiers
» et successeurs, le pâturage et pacage pour six porcs. Mais,
» pour les choses susdites, Pétronille ci-dessus rappelée et les
» siens susdits, en reconnaissance de tout ce qui précède, pour
» toute mesure, service, charge ou redevance, seront tenus de
» rendre à tous les nôtres et à leurs successeurs, chaque année,
» au jour de Noël, dans notre châtelet de Paris, une seule paire
» d'éperons dorés, sauf cependant en autres choses notre droit,
« et celui d'autrui en toutes. Et, pour que ces choses demeurent
» arrêtées et stables dans l'avenir, nous avons fait apposer aux
» présentes lettres notre sceau. Fait à Saint-Germain-en-Laye,
» l'an du Seigneur mil deux cent quatre-vingt-neuf, au mois
» de mai. »

» Or, vu que la demoiselle susdite, mue par un dessein salu-
» taire, se propose de consacrer au culte divin le lieu susdit avec
» tous les revenus, accroissements, droits et appartenances, ainsi
» que quatre arpents et demi de terre ou environ qu'elle est
» reconnue avoir achetés ensuite près du même lieu, de diverses
» personnes, pour divers prix, et d'y établir, par une pieuse
» donation, des personnes religieuses qui devront y demeurer à
» perpétuité pour la louange du nom de Dieu,

» Nous, approuvant son louable dessein sur ce point et y con-

» courant avec plaisir par notre consentement, voulons et, pour
» le salut de notre âme et de celles de très-cher seigneur notre
» père, de notre mère, de notre compagne et de Marguerite, reine
» de France, ainsi que de nos autres parents, accordons, par la
» teneur des présentes, que ladite demoiselle puisse transférer
» aux personnes susdites les maison et lieu sus-indiqués, avec
» quatre arpents et demi de terre et tous les revenus, accrois-
» sements, droits et appartenances déjà dits, et que les susdites
» personnes et leurs successeurs puissent avoir, tenir et posséder
» toutes les choses sus-rapportées et chacune d'elles paisiblement
» et tranquillement dans l'avenir, sans la contrainte de vendre
» ou mettre hors de leurs mains ou de donner finance ; sauf, pour
» tout ceci, notre droit en autres choses, et en toutes le droit
» d'autrui. Car nous prenons sous notre protection et même notre
» garde spéciale les personnes susdites, leur église et les per-
» sonnes de cette maison, et les autres choses ci-dessus et cha-
» cune d'elles. Et pour que ceci demeure arrêté et stable, nous
» avons fait apposer aux présentes notre sceau. Fait à Meaux,
» l'an du Seigneur mil deux cent quatre-vingt-dix-neuf, au mois
» de décembre. »

Pétronille de Gery laisse passer neuf années avant d'exécuter son projet, et c'est seulement au mois de mars 1308 qu'elle dispose de sa maison de Hannemont au profit de l'ordre religieux du Val-des-Ecoliers. Cet acte est aussi un des titres les plus importants du prieuré, puisqu'il lui donne réellement l'existence, et pour cela, nous croyons encore devoir vous en donner la traduction, ainsi que de l'approbation du Roi :

« Philippe, par la grâce de Dieu roi des Français, savoir fai-
» sons à tous tant présents qu'à venir, que nous avons vu les
» lettres de notre bien-aimée demoiselle Pétronille de Gery,
» scellées de son sceau et contenant ce qui suit :

« Que tous présents et à venir sachent que moi, Pétronille de
» Gery, saine et bien portante d'esprit et de corps, m'appliquant

» avec soin au salut de mon âme, désirant échanger, par un heu-
» reux échange, les biens de la terre pour ceux du ciel, ceux qui
» passent pour ceux qui sont éternels, et ce qui doit périr pour
» ce qui dure perpétuellement, à cause des sentiments de sin-
» cère affection et dévotion que j'ai eus et que j'ai pour le saint
» ordre du Val-des-Ecoliers, et afin qu'au lieu d'une demeure
» faite par la main des hommes, une demeure perpétuelle me
» soit préparée dans les cieux, j'ai donné et concédé, je donne
» et concède à perpétuité, héréditairement et irrévocablement,
» par une donation faite entre vifs, aux Religieux, Prieur et
» Communauté de Sainte-Catherine de Paris, de l'ordre susdit
» du Val-des-Ecoliers, ma maison de Hannemont, près Saint-
» Léger-en-Laye, que je tiens, avec amortissement, par don de
» très-excellent prince et seigneur Philippe, par la grâce de
» Dieu très-illustre roi des Français, avec les terres, vignes,
» prés, pâturages, droits, rotures, justice et autres choses quel-
» conques dépendant de ladite maison et y appartenant de quel-
» que manière que ce soit.

» De telle sorte pourtant que ces religieux soient tenus de
» fonder, ordonner et instituer, dans un an de ce jour, dans ma-
» dite maison de Hannemont, un prieuré perpétuel de sept frères
» de leur ordre, dont l'un sera prieur et commandera aux au-
» tres; lesquels frères seront tenus, dans ce prieuré, de célébrer
» à perpétuité les offices divins et d'exercer les autres œuvres de
» charité, comme il est fait habituellement dans les autres prieu-
» rés de l'ordre précité, pour la louange du Christ et l'exaltation
» de son nom, et pour le salut et le bien de mon âme, de mes
» parents, amis et bienfaiteurs vivants et morts, et des autres
» que je tiens à avoir spécialement recommandés dans mes
» grâces et prières; que de plus, par les mêmes causes, ils
» soient tenus de célébrer spécialement chaque jour, durant ce
» siècle, pendant ma vie une messe du Saint-Esprit, et après
» mon décès une messe des morts aussi chaque jour et à per-
» pétuité, et chaque année au jour de mon décès de faire un
» service anniversaire, solennellement et à perpétuité, pour le

» bien de mon âme, et qu'ils ne fassent aucuns tourments ou
» innovations indus à mes hôtes et sujets de Hannemont tenant
» de moi des héritages et possessions quelconques pour raison
» de ladite maison ou n'en tenant pas, mais qu'ils les gardent
» dans leurs anciens usages et coutumes, et qu'ils les laissent
» jouir en paix et tranquillement comme ils ont joui de mon
» temps et du temps de mes prédécesseurs.

» Et pour que lesdits Prieur et frères qui auront été établis
» de la manière sus-indiquée dans madite maison de Hannemont,
» ne soient pas dans le besoin, mais afin qu'ils puissent vaquer à
» la célébration du culte divin d'autant plus librement qu'ils
» trouveront davantage pour leurs besoins l'abondance dans
» leurs revenus, et qu'ils soient tenus de faire et célébrer les
» messes et anniversaires ci-dessous indiqués, de la manière ci-
» après, savoir : pour le bien et le salut de l'âme du susdit sei-
» gneur Philippe (1), actuellement roi de France, tant qu'il vivra
» chaque année une messe du Saint-Esprit, et après son décès,
» au lieu de cette messe chaque année, au jour de sa mort, un
» service anniversaire; *item* pour le bien et le salut des âmes du
» seigneur Louis (2), roi de Navarre, et de dame Marguerite (3),
» son épouse, chaque année pendant la vie dudit seigneur
» Louis une messe du Saint-Esprit, et après sa mort et le jour
» de son décès, au lieu de cette messe, un service anniver-
» saire pour eux ; *item* pour le bien et le salut des âmes du
» seigneur Charles (4), comte de Valois, et de très-excellente
» dame Isabelle (5), reine d'Angleterre, chaque année jusqu'à la
» mort de l'un d'eux une messe du Saint-Esprit, et aussitôt que
» l'autre sera décédé et alors, le jour de la mort du premier dé-

---

(1) Philippe IV, dit le Bel, mort en 1314, le 29 novembre.
(2) Depuis Louis X, mort en 1316, le 5 juin.
(3) Marguerite de Bourgogne, morte en 1314
(4) Fils de Philippe III, le Hardi, mort le 9 octobre ou le 26 décembre 1325.
(5) Femme d'Édouard II, morte le 21 novembre 1357.

» cédé, chaque année un service anniversaire pour eux à perpé-
» tuité ; *item* pour le bien et le salut de l'âme de Madame, d'il-
» lustre mémoire, autrefois dame Isabelle (1), jadis reine de
» France et fille du roi d'Aragon, au jour de son décès un service
» anniversaire solennel et perpétuel ; *item* pour le bien et le salut
» des âmes des dames, d'illustre mémoire, Marguerite (2), au-
» trefois épouse de saint Louis jadis roi de France, et Blan-
» che (3), autrefois reine de Navarre, un service anniversaire
» perpétuel et solennel ; *item*, pour le bien et le salut des âmes
» de mes parents, frères et sœurs défunts, un service anniver-
» saire perpétuel et solennel ; *item*, pour le bien et le salut des
» âmes de mon frère Pierre de Gery, abbé de Saint-Benoît-sur-
» Loire, et de mon frère Simon de Gery, prieur de Sainte-Céline
» de Meaux, et de maitre Geoffroy du Plessis, notaire apostolique,
» chaque année jusqu'au décès de l'un d'eux une messe du
» Saint-Esprit, et dès que le dernier sera mort, alors chaque an-
» née, au lieu de cette messe, un service anniversaire solennel
» et perpétuel le jour du trépas du premier décédé ;

» Moi, Pétronille de Gery, je donne et concède aux Prieur et
» frères susdits qui doivent être établis, de la manière sus-indi-
» quée, dans ma maison de Hannemont, en augmentation des
» biens et revenus de cette maison, les revenus ci-après que je
» tiens avec amortissement, pour être tenus et possédés par
» lesdits Prieur et frères à perpétuité et héréditairement, avec
» ladite maison et ses dépendances générales, savoir :

» Cinquante livres tournois (4) de revenu annuel et perpétuel
» que le seigneur roi sus-nommé m'a données et assignées sur la

---

(1) Première femme de Philippe III, le Hardi, morte le 28 janvier 1270, l'année commençant à Pâques.
(2) Marguerite de Provence, morte le 20 décembre 1295.
(3) Blanche d'Artois, morte le 2 mai 1302.
(4) 50 livres tournois de cette époque représentent environ, en calculant d'après la valeur relative, comme matière d'échange, 4,650 francs de notre monnaie. (*Paris sous Philippe le Bel*, par M. Géraud, 1837.)

» Prévôté-Mairie de Pontoise (*præposituram majoriæ*), en échange
» du droit d'usage que j'avais pour le gros bois mort dans la
» forêt de Laye, et cinquante livres tournois (1) de revenu
» annuel et perpétuel, assises et assignées sur les droits d'entrée
» (*portagium*) de Provins, que je reçois par suite de l'achat que
» j'en ai fait par abandon des enfants de feu Gombaud de Sesanne;
» *item*, en augmentation de ladite maison de Hannemont et des
» biens et revenus susdits, je donne et concède, par une dona-
» tion irrévocable faite entre vifs, auxdits Prieur et frères qui
» doivent être établis de la manière sus-indiquée dans ma mai-
» son de Hannemont, les acquisitions que j'ai et détiens sans
» amortissement dans le village de Saclay (*Sarcleio*) et sur son terri-
» toire, savoir: une grange couverte en tuiles contiguë audit village
» de Saclay, et vingt-quatre arpents et demi ou environ de terre
» labourable joignant ladite grange; *item*, deux rotures et douze
» sols parisis (2) de menu cens annuel, avec les droits, cas et deniers
» s'y rattachant; pour être possédés à perpétuité et héréditaire-
» ment par lesdits Prieur et frères et leurs successeurs, l'usufruit
» de ces acquisitions m'étant réservé pendant ma vie; de telle sorte
» pourtant que si lesdits Prieur et frères ne peuvent obtenir l'a-
» mortissement de ces acquisitions et qu'ils soient contraints de
» s'en défaire, ils puissent les échanger ou les vendre moyennant
» un juste prix, pour les employer à l'augmentation des biens et
» revenus de ladite maison de Hannemont.

» J'ai donné et concédé, je donne et concède toutes les choses
» ci-dessus et chacune d'elles par donation irrévocable faite
» entre vifs, à charge des cens, décimes et autres redevances or-
» dinaires; cédant et transférant et reconnaissant avoir cédé et
» transféré aux Prieur et frères qui doivent entrer dans madite
» maison de Hannemont et s'y établir de la manière susdite, et à
» leurs successeurs, dès maintenant et à perpétuité, tous les
» droits et toutes les actions réelles et personnelles qui m'appar-

---

(1) Voir la note 4 de la page précédente.
(2) 69 fr. 60 de notre monnaie, environ.

» tiennent et peuvent m'appartenir d'une manière quelconque
» sur les maison de Hannemont, revenus et acquisitions et sur
» toutes leurs dépendances, ne retenant dès maintenant rien de
» mon droit pour moi, mes successeurs et héritiers, sauf seule-
» ment l'usufruit desdites acquisitions que j'ai conservé pendant
» ma vie, comme il est dit ci-dessus. Voulant de plus et concé-
» dant sciemment que les donations, cessions et transports qui
» précèdent, quoique ledit prieuré soit encore à établir, vaillent
» autant qu'ils pourraient et devraient valoir si les Prieur et
» frères étaient déjà installés dans ma maison de Hannemont et
» établis effectivement de la manière susdite ; et pour plus de
» garantie de ce qui précède, je promets de bonne foi qu'aussitôt
» que sept frères dudit ordre du Val-des-Ecoliers auront été
» installés dans madite maison de Hannemont, et que, par les-
» dits frères, un prieuré perpétuel aura été établi complètement
» et aux charges sus-indiquées, moi, Pétronille de Gery, je re-
» mettrai et livrerai auxdits frères les lettres, actes et chartes
» quelconques que j'ai et pourrai avoir, les papiers et titres
» établissant par qui toutes les choses susdites et chacune d'elles
» me sont advenues. Renonçant sur ce fait à pouvoir dire que
» j'ai fait ou non ce qui précède sans prévoyance et sans avoir
» consulté des personnes prudentes, mes amis, proches et autres,
» ou que j'ai été trompée dans ce qui précède ou dans une partie,
» ou bien lésée, pour obtenir une restitution intégrale ; renon-
» çant aussi à tout droit canonique et civil et à tous usages
» et coutumes généraux et locaux introduits en faveur des
» femmes, et généralement à toutes autres exceptions, garanties,
» raisons et allégations de droit et de fait par lesquelles ce qui
» précède pourrait être empêché ou différé de quelque manière
» que ce fût, en tout ou en partie.

» En outre, je supplie, avec la plus grande dévotion possible,
» le très-excellent prince, mon très-cher seigneur, le seigneur
» Philippe, roi des Français, dont j'ai déjà parlé, afin qu'il dai-
» gne gracieusement ratifier, approuver et confirmer par ses
» lettres-patentes toutes les choses susdites et chacune d'elles ;

» en témoignage de quoi j'ai fait apposer mon sceau sur les pré-
» sentes. Donné à Paris, l'an du Seigneur mil trois cent huit,
» au mois de mars. »

» Et Nous, ayant pour bonnes et agréables toutes les choses
» contenues dans les lettres qui précèdent, et chacune d'elles,
» les voulons, louons et confirmons par la teneur des pré-
» sentes, sauf, en autres choses notre droit, et en toutes ce-
» lui d'autrui ; et pour que ceci demeure arrêté et stable,
» nous avons fait apposer aux présentes lettres notre sceau. Fait
» à Poissy, l'an du Seigneur mil trois cent neuf, au mois de
» juin. »

Le prieuré d'Hennemont est établi aussitôt après cette approbation qui lui assurait la protection royale, comme au prieuré de Sainte-Catherine, fondé par saint Louis en 1229.

Les bâtiments d'Hennemont étaient suffisants pour l'habitation des religieux ; il y eut peu de modifications à faire pour les transformer en cloître, mais on ajouta à la chapelle Saint-Thibaud une chapelle principale ou église pour les habitants d'Hannemont et pour ceux des villages environnants qui voudraient assister aux offices et y faire leurs dévotions. Cette église fut placée sous l'invocation de Notre-Dame, à cause de la fête de Notre-Dame de la Victoire établie au 28 août, en souvenir de la bataille de Mons-en-Puelle gagnée sur les Flamands par Philippe le Bel, le 28 août 1304.

Le prieuré d'Hennemont existe alors avec des vicissitudes diverses que nous verrons se dérouler dans les faits que nous allons parcourir.

En 1314, les religieux de Saint-Magloire cèdent aux religieux de Sainte-Catherine, pour le prieuré d'Hannemont, leur droit de présentation à la cure de Saint-Léger-en-Laye, contre le droit de présentation à la cure de Limay, près Mantes. Cet échange est approuvé par l'archevêque de Rouen et par l'évêque de Chartres ;

l'approbation de l'archevêque de Rouen, Gilles Aiscelin, est en date du mois de mai 1314, avant Pâques, à Rungy près Paris, où l'archevêque habitait souvent.

Les rois de France, du reste, n'oubliaient pas le prieuré, et l'on rencontre fréquemment les preuves de leur sollicitude à son égard. En 1315, Louis X, le Hutin, étant à Vincennes, autorise les religieux d'Hennemont à toucher, sur sa prévôté de Montlhéry, les 50 livres tournois de revenu annuel et perpétuel qu'ils recevaient sur les droits d'entrée de Provins et qui leur avaient été données, comme nous l'avons vu, par Pétronille de Gery, mais dont la perception, il paraît, n'était pas toujours certaine. En 1317, Philippe V, le Long, accorde aux Prieurs d'Hennemont la qualité de chapelains royaux pour les chapelles des châteaux de Poissy et de Saint-Germain-en-Laye, avec l'autorisation de faire desservir ces chapelles par d'autres personnes en leur absence. La même année, au mois d'août, le même roi étant à Poissy, voulant, comme il le dit lui-même, « que le monastère de Sainte-» Marie de Hanemont, placé sous sa garde spéciale, ne soit troublé » dans sa tranquillité par aucun fracas de la puissance séculière, » et que le Prieur et la communauté dudit lieu puissent se li-» vrer plus librement aux services divins quand ils se sauront » plus éloignés des gouffres pestilentiels du monde, » défend que, sous aucun prétexte, même pour son service et quand même lui ou ses successeurs donneraient un ordre contraire, les chevaux, chariots, voitures, bestiaux, blés, grains, foins, herbes, pailles, provisions desdits religieux, et tous les biens quels qu'ils soient appartenant à eux et à leur monastère, puissent être pris ni arrêtés en aucune manière, leur donnant à cet égard toutes franchises et exemptions.

En 1321, le même roi Philippe le Long, sur la plainte que lui adressent les religieux d'Hennemont à propos des difficultés qu'ils éprouvent à obtenir ce qui leur revient comme desservants de la chapelle du château de Poissy, ordonne qu'une information soit faite par le sous-bailli de cette ville ; et ladite année, au mois de mai, il constate que cette information établit, au profit du monastère d'Hennemont, à cause de la chapelle du château de Poissy, le droit déjà ancien de recevoir : neuf livres parisis (1) de revenu sur la prévôté de Poissy ; huit muids de vin par an sur le clos royal de Triel ; quatre muids de blé sur les greniers royaux de Poissy ; chaque jour, lors de la présence à Poissy du roi ou de l'un de ses enfants, huit pains, un demi-setier de vin à la mesure de Paris, un quartier de viande et une poule quand on mange de la viande, et, quand on ne mange pas de viande, un plat de poisson, et, le soir, douze chandelles et un flambeau de cire. Il confirme ces droits, et il autorise la communauté à les percevoir sur l'Hôtel royal.

A son tour, en 1336, Philippe VI, de Valois, dispense les religieux d'Hennemont de fournir aucun subside, comme foin, chariots, et autres choses d'usage.

De son côté, Pétronille de Gery reste jusqu'à sa mort, arrivée en 1324, une bienfaitrice pour le prieuré dont on lui devait la fondation, et, dans son testament, elle lui fait plusieurs legs, dont quelques-uns avaient une véritable importance. Ainsi, elle donne à l'église de Sainte-Marie de Hannemont, dans laquelle elle a choisi sa sépulture, cent livres tournois (2) ; elle donne au couvent vingt-cinq livres tournois (3), tant pour nourriture que pour le repas qui devra être offert à ses amis le jour de sa mort ; et, pour le lendemain, cent sols tournois (4) pour nourriture ; de plus, dix livres parisis (5) pour le luminaire le jour de son décès. Elle lègue à la paroisse ou village d'Hannemont cent sols tournois (6), pour être distribués aux pauvres le jour de son décès. Elle lègue encore aux religieux de ce monastère des cou-

---

(1) Aujourd'hui 1,116 francs, environ.
(2) 9,300 francs de notre monnaie, environ (valeur relative).
(3) 2,325 francs, environ.
(4-6) Environ 465 francs.
(5) 1,240 francs, environ.

pes, gobelets et couverts en argent ; tous les objets se trouvant dans sa maison d'Hannemont, tels que tapis, couchettes, matelas, linge de toutes sortes, couvertures, etc., sauf quelques legs particuliers peu considérables ; toutes ses provisions en blé, avoine et vin se trouvant dans sadite maison d'Hannemont ; la moitié de la part lui revenant dans la succession de son père par suite de la mort de Jean de Gery, son frère, et une partie de ses créances. Enfin, elle donne une preuve de son estime pour la communauté en choisissant, comme l'un de ses exécuteurs testamentaires, le frère Léger, sous-prieur.

Quelques années après, les mauvais jours commencent pour le prieuré, et, en 1346, il est momentanément occupé par les Anglais, lorsqu'ils prennent et pillent Saint-Germain-en-Laye, quelque temps avant la bataille de Crécy ; heureusement, la bienveillance royale ne lui fait pas défaut, et, le 27 août 1366, Charles V donne au receveur de Paris un mandement que nous croyons devoir reproduire textuellement, à cause de l'indication précieuse qu'il contient sur les rapports des souverains d'alors avec les officiers de leurs finances.

Voici ce document, avec l'orthographe du temps :

« Charles par la grâce de Dieu roy de France, au receueur
» de Paris ou à son lieutenant, salut. Comme nous te eussions
» mandé et enjoint estroitement que tout ce qui te apparoîtroit
» estre deu à nos bien amez les religieux, prieur et couvent de
» Hanemont-lez-Sainct-Germain-en-Laye, à cause de cinquante-
» deux liures six sols parisis qu'ils prainnent chascun an sur
» nostre recette de Paris dont il te apparoitra, tu leur poiasses
» et deliurasses ou à leur certain commandement auec lad. rente
» doresnauant par la fourme et manière que ils ont accoutumé
» de la prendre, si comme ce et autres choses sont plus à plain
» contenues en nos lettres sur ce faites, verifiées et approuuées par
» la Chambre de nos comptes dont il t'est apparu et apparoitra,
» néantmoins tu n'en as voulu aucune chose faire en toy excusant
» contre raison par certaines assignations faites à notre amée cou-

» sine Jehanne de Clermont sur la recette de Poissy et au capi-
» taine de Montlherry, qui est en venant contre la teneur de
» nosd. lettres, au grant grief et prejudice desd. religieux et con-
» tre nos ordenances sur ce faites par lesquelles nous volons fiex
» et aumosnes estre payez auant toutes assignations et auxy que
» lesd. religieux prennent leur ditte rente par ta main sur ta re-
» cette et non ailleurs si comme ils dient et apparoit par lettres
» en laz de soye et cire vert d'ancien royal fondation ; pourquoy
» nos désirans le diuin seruice estre fait et célébré sans diminu-
» tion en nostre temps, te mandons et commendons en enjoi-
» gnant estroitement que tantost et sans delay, toutes excusations
» cessant, tu payes et deliures lesd. religieux de lad. rente et de
» tout ce que deu leur est du temps passé à cause de ce en la fourme
» et manière accoutumée ; et par raportant ces présentes et
» lettres de recongnoissance sur tout ce que ainsy payé leur sera,
» nous voulons estre aloué sans aulcun contredit en tes comptes
» et rabatu de ta recette par nos amez et feaux gens de nos
» comptes à Paris, nonobstant lesd. assignations et quelconques
» ordennances, mandemens ou deffenses à ce contraire. Donné
» à Paris le vingt-unième jour d'aoust, l'an de grâce mil trois
» cent soixante six et le tiers (3°) de notre règne. »

Les gens des Comptes se hâtent d'obéir comme il suit : « Les
» gens des Comptes du roy nostre sire à Paris : Receueur de
» Paris, nous vous mandons que vous accomplissiez le contenu
» des lettres dud. seigneur auxquelles cette cédule est attachée
» soubs l'un de nos signets selon la fourme et teneur d'jcelles, en
» faisant tant sur ce que plainte n'en doie venir autre fois par-
» deuers led. seigneur et pardeuers nous. Ecrit le vingt septième
» jour d'aoust l'an mil trois cent soixante six. ».

Le même roi Charles V fait détruire un château qu'il avait à
Poissy, et dans la chapelle duquel les religieux d'Hennemont
étaient tenus de célébrer les services divins moyennant certaines
rentes sur les recettes du lieu et ailleurs, avec « aucuns droits »
sur l'hôtel royal ; mais, ne voulant pas que, par la destruction de

ce château, le service divin soit abandonné ou amoindri, il donne, le 9 septembre 1367, étant à Saint-Germain-en-Laye, des lettres-patentes dans lesquelles il s'exprime ainsi : « Avons du consen-
» tement des diz religieux (de Hannemont) et à leur requeste,
» ordené et ordenons par ces présentes que les diz services soient
» doresnauant fais et celebrez en la chapelle de nostre chastel de
» Saint-Germain-en-Laye tout en la manière qu'ils devoient estre
» fais en la chapelle dessus ditte jusques à tant que autrement
» en sera par nous ordené ; et voulons et nous plaist que en fai-
» sant iceulz services, iceulz religieux aient, preignent et per-
» çoivent entièrement et sans difficultés les rentes et droits qu'ils
» doivent prendre et auoir par la fondation de nos prédécesseurs
» tout ainsy comme ils ont usé et accoustumé de les prendre et
» auoir quand ils faisoient led. seruice aud. chastel de Poissy. »

Cependant la position des religieux semble assez critique à cette époque, et, le 22 février 1369, Charles V est encore forcé de donner à ses gens des comptes et trésoriers à Paris un mandement, assez curieux pour être analysé, au profit « des chape-
» lains les povres religieux, prieur et couuent de l'églize de
» Notre-Dame de Hannemont, » qui se plaignaient de n'avoir pas touché depuis dix ans la rente annuelle et perpétuelle de 52 livres 6 sols parisis leur revenant sur la recette de Paris et constituant, selon eux, le plus gros de leur revenu, ce qui, di-saient-ils, les avait forcés de laisser leurs héritages en friche ; de de sorte qu'avec les ravages de la guerre, ils étaient si appauvris qu'ils n'avaient pas de quoi vivre et soutenir leur rang, et qu'ils seraient même contraints, par indigence, de cesser le service divin. Malheureusement, il paraît que le Trésor royal n'était guères en meilleur état, car les conseillers et maitres des requêtes de l'hôtel avaient été réduits à dire aux religieux de chercher quelque débiteur du roi pour qu'on pût leur donner une délégation. Ceux-ci parviennent à découvrir que feu Guillaume le Gaingneur, jadis bourgeois de Paris, était resté débiteur d'environ 1600 livres, et qu'il dépendait de sa succession diverses rentes et redevances foncières ; la délégation promise aux reli-

gieux leur est fournie, et le roi leur donne des « lettres de mandement » pour les autoriser à faire vendre ces rentes au Chastelet de Paris et à en toucher le produit. Mais un certain Jehannin de la Barre intervient et prétend que ces rentes et redevances lui appartiennent, comme venant de l'aïeul de sa mère, et il parvient à les obtenir du roi qui annule sa première disposition. Puis le roi se ravise ; des doutes lui surviennent à propos des droits de Jehannin de la Barre, et, définitivement, il assigne de nouveau les rentes en question à la communauté d'Hennemont. Ce n'est pas tout, il craint que l'on ne fasse des difficultés et des procès après ces attributions successives ; il s'effraye du pauvre état des religieux, des hautes influences dont leurs adversaires disposent, et il prend ses précautions en conséquence. Il est bon de rapporter les dernières phrases de ce mandement, car elles peignent l'époque : « Et se debat ou opposition y auoit, pour ce que lesd. religieux sont povres et ne porroient longuement plaidier contre leur aduersaire, mesmement contre led. de la Barre par la puissance, port et faueur qu'il a de nostre amé et féal maistre Jehan de Vernon nostre secretaire, faites aux parties jcelles oyes sommierement et de plain, sans lonc procès et figure de jugement, bon et brief accomplissement de justice. »

Charles VI donne à son tour, en 1381, un mandement à ses receveurs de la chambre des comptes, de fournir aux religieux d'Hennemont : cire, torches et autres choses nécessaires pour le service de la chapelle de Saint-Germain-en-Laye, où ils célébraient trois messes par semaine.

Pendant vingt ans, de 1420 à 1440, le prieuré d'Hennemont est sous la dépendance des Anglais, comme Saint-Germain, Poissy, Meulan, Mantes et les environs, et ce n'est plus qu'en 1514 que nous voyons le roi Louis XII confirmer les dons faits aux religieux d'Hennemont par Philippe le Long en 1317 et 1321. Puis, en 1522 et 1528, surviennent les mandements du roi François Ier aux maîtres de son hôtel, de faire payer aux religieux d'Hennemont la redevance pour leur nourriture et leurs fournitures, savoir : huit pains, un setier de vin, un quartier de mouton, une poule, douze chandelles, de la cire, huile et torches pour le service de trois messes par semaine dans la chapelle royale du château de Saint-Germain ; et en 1535, 1536, 1547, 1560, 1607, les rois François Ier, Henri II, François II et Henri IV confirment, eux aussi, les donations faites et les priviléges accordés par leurs prédécesseurs.

La chapelle du château de Saint-Germain n'est plus desservie par les religieux d'Hennemont à partir de l'année 1610, fin du règne de Henri IV. Le prieuré d'Hennemont, ruiné par suite des guerres civiles, est réduit, par la négligence des prieurs commendataires, à un seul religieux qui dessert en même temps la cure de Saint-Léger. Des Capucins viennent s'établir à Poissy, en 1617, à la demande des habitants. En 1619, des Récollets s'établissent à Saint-Germain, et les habitants leur donnent l'ancien hôpital et ses dépendances ; en 1626, des Augustins déchaussés fondent un monastère aux Loges, sous la protection de la reine Anne d'Autriche, et un chapelain spécial est nommé par Louis XIII pour la chapelle du château de Saint-Germain.

Les chanoines du prieuré de Sainte-Catherine du Val-des-Ecoliers, étaient tombés dans un déréglement extrême. Le cardinal de La Rochefoucauld, après des tentatives infructueuses, les réforme cependant en 1629 ; et, en 1636, l'abbé du Val-des-Ecoliers consent à la réunion de son ordre à celui de la congrégation des Religieux réformés de Sainte-Geneviève, qui prend alors le nom de Congrégation de France des Chanoines réguliers de l'ordre de Saint-Augustin, et l'abbaye de Saint-Germain est chef d'ordre. A partir de cette époque, quelques religieux reviennent à Hennemont, et les bâtiments sont en partie réparés ; mais le prieuré d'Hennemont n'est rétabli qu'en 1680, par les soins de son abbé commendataire, M. Guillaume de Longueil, abbé de

Conches. Il se compose seulement de trois religieux, chanoines réguliers de la Congrégation de France, dont un est prieur claustral, et cette situation dure jusque vers 1770.

A partir de cette époque jusqu'à la Révolution, il n'y a plus qu'un prieur, qui est en même temps prieur-curé de Saint-Léger. Les prieurs claustraux sont : les frères Etienne Baud'huy, Dalmas et Leroyer, de 1684 à 1710; Desaigles, de 1710 à 1725 ; Andry, de 1725 à 1727; Poullain, de 1727 à 1758; Boucart, de 1758 à 1776; Ducastellier, de 1776 à 1781 ; et Delattre, depuis 1781 jusqu'à la suppression des Ordres religieux.

Il y eut un prieur-curé spécial pour l'église de Saint-Léger depuis 1684, année à laquelle remontent les registres de l'Etat civil de cette paroisse, jusqu'au 10 décembre 1710, lorsque le frère Desaigles, prieur d'Hennemont, fut nommé aussi prieur-curé. Ses successeurs réunirent également les deux titres.

De 1684 à 1768, le prieur-curé de Saint-Léger est remplacé, en cas d'absence ou d'empêchement, par le prieur ou les religieux d'Hennemont ; à partir de 1768, il n'est plus question des religieux, et le prieur-curé de Saint-Léger, en même temps prieur d'Hennemont, est remplacé soit par le prêtre recteur de l'hôpital des vieillards de Saint-Germain, soit par les religieux Récollets de la même ville, le curé d'Aigremont, le curé et le vicaire de Fourqueux.

Le dernier prieur commendataire du prieuré d'Hennemont était l'abbé de Saint-Julien. Il avait une habitation à Hennemont, mais jamais il n'a paru dans aucun acte relatif à la cure de Saint-Léger ni aux inhumations qui ont eu lieu dans l'église d'Hennemont. Il n'était pas présent à l'inhumation de son jardinier, Charles Allard, le 11 décembre 1782, ni à celle de messire Delaporte du Castelier, père du prieur claustral, faite dans l'église d'Hennemont par le curé de Fourqueux, en présence du prieur-curé de Chambourcy, du curé d'Achères, du prieur-curé d'Aigremont, du curé et du vicaire perpétuel, du vicaire de Fourqueux et d'un chanoine de l'ordre des Prémontrés (abbaye de Joyenval).

Les autres prieurs commendataires connus sont : M. Adolphe de Belleforières de Soyecourt ; M. Réné de Longueil, curé de Colombes, pourvu par le Pape au mois d'avril 1683 ; et, en 1736, M. Michel-Jérôme Bouvard de Fourqueux.

Si nous voulons savoir l'importance matérielle que le prieuré d'Hennemont avait acquis, nous trouvons des renseignements précis et authentiques dans les déclarations faites, pour la confection du papier terrier des domaines du roi, par M. Réné de Longueil, prieur commendataire, devant Bobusse et son confrère, notaires au Chastelet de Paris, le 23 décembre 1684, et devant Lemoyne et Moufle, aussi notaires au Chastelet, le 20 mars 1685. Dans ces actes, M. de Longueil déclare qu'il appartient aux religieux d'Hennemont :

« Premièrement, le corps de leur église, cloistre, dortoir et
» maison, la ferme attenante et quatre jardins et vignes, la plus
» part clos de murs, contenant six arpens ou environ ; — *item*,
» au-devant dud. hotel ou maison est un colombier à pied ; —
» *item* huit vingt sept (167) arpens de terre ou environ siz en
» plusieurs pièces, avec trois à quatre arpens de vignes, tenant
» la plus part les uns aux autres, dont une partie à présent de-
» puis plusieurs années est enfermée dans la forest de Laye ap-
» partenant au roy notre sire, et une autre partie desquels passe
» la muraille et closture de ladite forest, dont lesd. prieur et re-
» ligieux n'ont encore jusqu'à présent été indemnisez ; — *item*
» six arpens de pré ou environ, plus une pièce de sept arpens ; —
» *item* une pièce de bois taillis vulgairement appelée la Cullée aux
» Moynes, contenant vingt-huit arpens, à présent enfermez dans
» la dite forest de Laye ; — *item* tous les droits de moyenne et
» basse justice audit lieu d'Hennemont jusqu'à 60 sols un denier

» sur leurs censitaires possédant héritages au terroir vulgaire-
» ment appelé le terroir d'Hennemont, pour laquelle exercer ils
» ont officiers, bailly, lieutenant, procureur, fiscal, greffier,
» sergent et autres officiers, avec amende et tous autres droits
» aux seigneurs bas et moyens justiciers appartenants, jusqu'à
» 60 sols un denier ; — les religieux ont, sur le territoire
» d'Hennemont (dont l'étendue est considérable d'après la des-
» cription contenue dans l'acte), droit de dixmes, sur les grains
» et foins à raison de huit gerbes du cent, et pour les vignes à
» raison de huit pintes pour muid ; — *item* ils ont leur droit de
» chauffage dans la forest de Laye et droit de prendre bois pour
» leurs édifices, pour quoy il leur étoit livré le nombre de 25 cor-
» des de bois, outre les bois nécessaires pour les réparations des
» fermes et maisons dudit prieuré ; — *item* ils ont droit, tant
» pour eux que pour leurs fermiers, d'envoyer pasturer leurs
» chevaux, vaches, porcs et autres bestiaux dans la dite forest,
» droit de glandée pour leurs porcs et ceux de leurs fermiers et
» amodiateurs ; — *item* aux dits religieux appartient de prendre
» par chacun an sur le domaine de Pontoise la somme de 50 li-
» vres tournois, et sur le domaine de Montlhéry pareille somme
» de 50 livres ; — *item* ont les dits religieux, prieur et couvent
» d'Hannemont à Saint-Germain-en-Laye et terroir d'iceluy, un
» fief appelé vulgairement le fief Goulu (1), sur lequel il y a à
» présent plusieurs maisons et hôtels bastis, sçavoir : en la rue
» Saint-Pierre anciennement ditte rue Tartarin, depuis la mai-
» son et hôtel de Grandmont, en montant dans la grande rue,
» toutes les maisons dudit costé, jusqu'à la maison où pend pour
» enseigne *le Paon*, laquelle maison *du paon* fait la séparation
» du fief Goulu du fief de Larchères appartenant aux dames Ab-
» besse et religieuses de Poissy ; *item* une maison appartenant à

---

(1) Le fief Goulu paraît avoir été composé du pâté de maisons compris entre les rue Saint-Pierre, place Mareil, rue de Mareil et rue du Gast, ainsi que des maisons comprises entre le n° 19 de la rue Saint-Pierre et le n° 40 de la rue de Paris.

» présent à Hugues Mathelin, où est pour enseigne *le Dauphin*
» scize en la dite grande rue ; sur lesquelles maisons ils ont droit
» de cens et rente portant droit de lods et vente, saisine et
» amende ; — *item* ont droit de cens sur : 1° l'hôtel Taille-
» uent (1), scitué en lad. grande rue, à présent possédé par
» Mgr le prince de Conty, faisant l'encoignoure des rues des-
» cendant au Pecq et d'autre costé au chemin tendant de Saint-
» Germain à Versailles appelé la Chaussée, et outre ledit cens,
» chargé de quarante-cinq sols tournois de rente ; 2° l'hôtel de
» Créquy (2) où pendoit anciennement pour enseigne *la Gallère*,
» et cy devant appartenant au sieur de la Salle seigneur de
» Carrières ; 3° sur une autre maison scize en ladite grande rue
» où étoit pour enseigne *la Tour d'argent* (3), appartenant à
» présent au sieur François Poulart et autres et cy devant à
» Guillaume Dreux ; 4° sur un quanton de terre contenant douze
» arpens ou environ au lieu dit les Groux du Pecq, à raison de
» douze deniers parisis pour arpent ; — *item* ont les dits reli-
» gieux les dits droits de cens sur les maisons scizes en la ville
» de Poissy qui ensuivent. »

(Ces maisons, qu'il est inutile de désigner ici, sont au nombre de dix-sept ; mais, comme le dit l'acte, les religieux n'avaient qu'un droit de cens, c'est-à-dire un droit d'imposition.)

« *Item* ont lesdits religieux les censives sur un clos sciz à
» Mareil sous Marly-le-Chastel, appelé les Mardelles ou Grandes
» Terres ; — *item* ont encore un fief à Triel, contenant environ
» 40 arpens tant terres que vignes, préz et jardins, guérets,
» huit maisons desquelles ils ne peuvent quand à présent donner
» plus ample déclaration jusqu'à ce qu'ils soient réglez avec
» Mgr d'Embrun seigneur de Triel ; — *item* dans la rivière de

---

(1) Aujourd'hui rue de Paris, n° 70, appartenant à M. Bertrand.
(2) Aujourd'hui rue de Paris, n° 12, appartenant à MM. Rigaud et Vautier.
(3) Aujourd'hui rue de Paris, n° 10, appartenant à M. Rigaud et habitée par M. Gaspard, orfèvre.

» Seine les lieux et places dites les Gords du Coulombier et de
» Fille à Fosse, assises au-dessus du pont de Poissy, vis-à-vis
» les villages de Carrière et de Morival ; les dits Gords de Fille
» à Fosse nomméz les petits Gords d'Hannemont afferméz au
» sieur Richer et veuve Lepreux moyennant 17 livres deux sous
» six deniers payables par chacun an au jour Saint-Martin ; —
» *item* un petit motteau sciz dans la rivière de Seine vis-à-vis
» le port d'Achères, à présent affermé au portier de la forest
» moyennant trois livres ; — *item* disent les d. religieux qu'il
» leur appartient les censives sur le clos Victor enfermé de
» hayes, tenant à la forest de Saint-Germain-en-Laye ; — *item*
» au lieu dit le Chesne des Barres contenant sept arpents ou
» environ, ont les dits droits de censives, tenant au lieu dit Nicot,
» d'un costé aux Grillets, d'autre au clos de la Courbose ; —
» *item* en la parroisse de Saint-Léger, ont lesdits religieux
» d'Hannemont les dits droits de cens sur un arpent tant
» terre que pré au lieu dit la Grande-Fontaine ; — *item* à la
» Croix dudit Saint-Léger, ont les droits de cens sur un arpent
» de terre cy devant appartenant à Pasquette veuve Jean Planson
» et à Planson fils ; — *item* disent les dits religieux que la moitié
» de la terre et seigneurie de Migneaux, à présent appartenant
» à Mme la duchesse d'Espernon à cause de la terre et seigneurie
» de Vilaine, leur ayant esté léguée par le feu sieur de Meudon
» l'un de leurs fondateurs, et ayant plusieurs procéz contre les
» fiefs et seigneuries de M. de Pornion premier président au par-
» lement de Rouen, ils auroient transigé par transaction du
» deuxième juin 1545 devant le Presle et son compagnon no-
» taires au Chastelet de Paris moyennant 25 livres tournois de
» rente foncière sur la dite terre de Migneaux, en quoy ils ont
» esté lezéz notablement ; laquelle rente leur est payée par la
» dite dame duchesse d'Espernon ; — *item* ont les dits droits
» de cens sur un arpent de terre sciz entre la croix dud. Saint-
» Léger et lad. églize au lieu dit Chesnée. »

Certes, toutes ces propriétés et tous ces droits formaient un ensemble très-respectable, surtout quand on se rappelle combien était réduit, à cette époque, le nombre des religieux qui occupaient le prieuré.

Nous pouvons encore, sur ce point, consulter un procès-verbal de bornage dressé le 8 novembre 1704, entre le domaine du roi à Saint-Germain-en-Laye, et le prieuré d'Hennemont, par M. André-Georges Legrand, seigneur des Alluets, conseiller du roi, président, prévost, juge ordinaire civil criminel et lieutenant général de police de Saint-Germain-en-Laye et le Pecq, pour faire cesser les difficultés survenues depuis quelques années entre le receveur du domaine du roi à Saint-Germain-en-Laye et celui d'Hennemont.

Dans les déclarations de 1684 et 1685, nous avons vu que le couvent d'Hennemont possédait, à Saint-Germain-en-Laye, un fief dit le fief Goulu; le 4 juin 1737, un arrêt du conseil ordonne la réunion de ce fief aux domaines et seigneuries du roi à Saint-Germain, « pour éviter les fréquentes contestations qui » troublent continuellement tant les vassaux et censitaires de » son dit domaine que ceux dudit fief. » Trois ans plus tard, pour indemniser les religieux, un autre arrêt du conseil, en date du 2 février 1740, fixe à trois cents livres la redevance annuelle à laquelle ils auront droit et qui leur sera payée sur le domaine de Saint-Germain, à partir du 1er juillet 1737.

Les communautés, congrégations et associations religieuses ont été supprimées partiellement, à partir du décret du 5 février 1790, et définitivement par le décret du 18 août 1792. Les décrets du 20 avril 1790, 7 et 18 août 1792 ont pourvu à l'entretien et aux pensions des ecclésiastiques séculiers et réguliers, des religieux et des religieuses. Le décret du 28 octobre 1790 a déclaré nationaux les biens du clergé et en a ordonné la vente immédiate. En vertu de ce décret, le directoire du district de Saint-Germain-en-Laye a adjugé, le 11 février 1791, l'église, le cloître, les cours, bâtiments, jardins et clos du prieuré d'Hennemont, à M. Thomas-Simon Regnault, aubergiste à Saint-Germain ; et le lendemain, les bâtiments, cours et dépendances de la ferme, à M. François Trumeau de la Forest, propriétaire à Saint-Germain, chevalier de Saint-Louis, ancien capitaine-commandant du régiment de Turenne.

Après plusieurs mutations et des destinées diverses, ces biens sont maintenant la propriété de M. Charles Gosselin.

L'église de Notre-Dame d'Hennemont existe encore en grande partie, alors qu'il ne reste pas trace des églises de Saint-Léger, des Récollets et des Ursulines de Saint-Germain, de l'abbaye de Joyenval, des Dominicaines, des Capucins et des Ursulines de Poissy, etc. ; alors qu'on a même tellement oublié l'église de Saint-Léger, qui a subsisté pendant dix siècles, qu'à la place qu'elle occupait on lit maintenant, comme si c'était le seul titre de gloire de ce lieu jadis autrement célèbre : — *Autrefois villa Campan* — *Olim villa Campan*.

Il faut donc savoir gré aux acquéreurs primitifs d'Hennemont et à leurs successeurs de n'y avoir fait que les modifications indispensables à leur usage ; il faut surtout remercier M. Charles Gosselin des soins éclairés qu'il apporte à la conservation des restes précieux de l'église et du cloître.

Les documents historiques nous font connaître un grand nombre de personnages dont l'inhumation a eu lieu dans l'église ou dans le cloître d'Hennemont, aux dates suivantes :

1314, inhumation, dans le cloître d'Hennemont, d'une personne dont la pierre tumulaire ne porte que ces mots : « Ci-gist la Veimarde qui trépassa le jour de Pâques au soir l'an de grâce 1314 ; »

1320, inhumation, dans le chœur de l'église, devant la chapelle de Saint-Thibaud, du chevalier Robert de Meudon, concierge de Saint-Germain-en-Laye, décédé le 23 juin;

1324, inhumation, dans le sanctuaire de l'église, de la demoiselle Pétronille de Gery, fondatrice, décédée le samedi après la Saint-Marc (25 avril);

1325, inhumation, dans le chœur de l'église d'Hennemont, de Robert de Meudon, grand panetier de France, mort le 25 juin;

1328, inhumation, aussi dans le chœur de l'église d'Hennemont, de Mme Ameline, veuve du chevalier Robert de Meudon, concierge de Saint-Germain-en-Laye, décédée le 24 juin;

1332, inhumation, dans le cloître, de Michel de la Pissotte, clerc familier du prieuré;

1337, inhumation, dans le sanctuaire, de Guy de Loudun (*Guido de Loduno*), premier prieur d'Hennemont, décédé le 23 juin;

1338, inhumation, dans l'église d'Hennemont, de Drodon de Poissy, second prieur d'Hennemont;

1344, inhumation du chevalier Henry de Meudon, grand veneur, mort le 27 mai;

1346, au mois de janvier, avant Pâques, inhumation, dans l'église d'Hennemont, du frère Guillaume, qui en était sans doute le troisième prieur;

1503, inhumation, dans l'église d'Hennemont, du frère Pierre Martin, prieur;

Et beaucoup plus tard : en 1723, inhumation du père Jacques-Laurent Charpentier, décédé le 7 décembre;

En 1727, inhumation de Claude Richard, prieur claustral et curé de Saint-Léger, décédé le 13 novembre ;

En 1744, inhumation, dans l'église du prieuré d'Hennemont, au milieu de la chapelle de Saint-Thibaud, de Marie-Françoise Lemaire, nièce du prieur, décédée le 11, à Paris ;

En 1748, le 10 avril, inhumation, dans la nef de l'église, du révérend père Denis Filleul, chanoine régulier du prieuré, décédé ledit jour ;

En 1781, le 26 mars, inhumation, dans l'église d'Hennemont, de messire Georges-Adrien de la Porte du Castelier, écuyer, décédé le 24. Il était le père d'Adrien-Louis de la Porte du Castelier, alors prieur.

Onze tombes existaient dans l'église de Notre-Dame d'Hennemont en 1680, d'après le recueil historique présenté au roi Louis XIV par Antoine l'aîné, son porte-arquebuse, marguillier de la paroisse de Saint-Germain-en-Laye. En voici le détail :

1re. — Au côté du grand autel, dans le sanctuaire, une tombe élevée sous une arcade sur laquelle il y a une figure au naturel d'une femme qui représente Pétronille de Gery, fondatrice. Elle est d'une belle pierre, les mains et le visage de marbre blanc, avec une inscription gravée autour en gros caractères remplis de mastic rouge :

ICI GIST DAMOISELLE PERRENELLE DE GERY FONDATRICE DE CETTE ÉGLISE QUI TRÉPASSA LE SAMEDY D'APRÈS LA SAINT MARC L'AN 1324.

2°. — Aussi, dans le sanctuaire, une tombe portant :

HIC JACET FRATER GUIDO DE LODUNO PRIUS PRIOR HUJUS ÆDIS ET ELEEMOSYNARIUS REGINÆ MARIÆ, QUI OBIIT A. D. 1337, IN VIGILA SANCTI JOA. B (1).

---

(1) Ici gît le frère Guy de Loudun, premier Prieur de cette maison et aumônier de la reine Marie, qui mourut l'an du Seigneur 1337, la veille de saint Jean-Baptiste.

3e, 4e, 5e. — Les tombes des prieurs f. Drodon de Poissy, 2e prieur, décédé en 1338 ; — f. Guillaume, décédé en 1346, au mois de janvier ; — f. Pierre Martin, décédé l'an 1503.

6e, 7e, 8e et 9e. — Au chœur de l'église, devant la chapelle de Saint-Thibaud, quatre grandes tombes représentant les figures des seigneurs de Meudon, et portant :

La 1re (6e) :

ICY GIST MONSEIGNEUR ROBERT DE MEUDON JADIS CHEVALIER DE NOSTRE SIRE LE ROY ET CONCIERGE DE SAINT-GERMAIN-EN-LAYE QUI TRESPASSA L'AN MCCC ET XX LA VIGILE DE SAINCT JEAN BAPTISTE. PRIEZ POUR LUY.

La 2e (7e) :

CI GIST DAMOISELLE AMELINE JADIS FEMME DE MONSEIGNEUR ROBERT DE MEUDON CHEVALIER DU ROY NOSTRE SIRE QUI TRESPASSA L'AN 1328 LA VEILLE DE LA CONVERSION DE SAINCT PAUL.

La 3e (8e) :

ICI GIST ROBERT DE MEUDON GRAND PANETIER DE FRANCE QUI TRESPASSA L'AN DE GRACE 1325 LE LENDEMAIN DE LA SAINCT JEAN BAPTISTE. PRIEZ POUR L'AME DE LY.

La 4e (9e) :

CY GYST MONSEIGNEUR HENRY DE MEUDON CHEVALIER QUI TRESPASSA LA VEILLE DE SAINCT GERMAIN EN MAY L'AN DE GRACE 1344. PRIEZ POUR L'AME QUE DIEU BONNE MERCY LUI FASSE. AMEN.

10e et 11e. — Dans le cloître, la tombe de Michel de la Pissotte, clerc familier du prieuré, décédé en 1332 ; — et une autre tombe portant :

CI GIST LA VEIMARDE QUI TRESPASSA LE JOUR DE PASQUES AU SOIR L'AN DE GRACE 1314.

Il existait, en outre, d'autres tombes sans inscription, selon l'usage presque général alors.

La première de ces pierres tombales existe encore, mais la figure et les mains, en marbre, ont disparu et l'inscription est effacée. Il ne reste de la seconde qu'un fragment portant : *Hic jacet fra..... Joa Baptist*. La huitième existe, mais l'inscription est en partie effacée ; on n'y voit plus que ces mots : *Icy gist Ro... pour l'âme de ly*. La neuvième subsiste aussi, sauf l'encoignure qui portait le commencement et la fin de l'inscription ; on n'y lit plus que ceci : ..... *Trespassa la veille de saint Germain au mois de may l'an de grâce 1344 priez pour l'âme que Dieu bonne*.....

Toutes les autres sont perdues.

Mais aujourd'hui, l'on trouve en plus à Hennemont :

1° Deux petites pierres, dont l'une porte :

HIC JACET PATER JACOBUS LAURENTIUS CHARPENTIER, OBIIT DIE VII DECEMBRIS ANNO DNI 1723. ÆTATIS 67 PROFESSIONIS XLV (1).

Et l'autre :

HIC JACET CLAUD. RICHARD PRIOR CLAUSTRALIS HUJUS MONAST. ET PASTOR SANCTI LEODEGARII IN LAYA, OBIIT DIE 13 NOV AN. DOM. 1727. ÆTATIS... PROF. 46 (2).

2° Deux grandes pierres tumulaires divisées, chacune en deux morceaux.

Sur la première, taillée grossièrement, sont tracés un bœuf et une hache, avec cette inscription :

ICI GIST GUILL. LEMOINE, BOUCHER DE S. G... TRESPASSA L'AN DE GRACE MCCCXXVIII LE DIMANCHE APRÈS LA MAGDELEINE.

---

(1) Ici git le père Jacques-Laurent Charpentier ; il mourut le septième jour de décembre, l'an du Seigneur 1723, à 67 ans d'âge et 45 de profession.
(2) Ici git Claude Richard, Prieur claustral de ce monastère et curé de Saint-Léger-en-Laye ; il mourut le treizième jour de novembre, l'an du Seigneur 1727, à....... d'âge et 46 de profession.

La seconde, remarquable sous tous les rapports, représente en pied trois personnes ; au milieu, un homme armé, ayant à ses pieds une levrette, et, de chaque côté, une femme avec un petit chien à ses pieds. L'inscription en lettres gothiques qui encadrait cette tombe est en partie effacée, toutefois elle laisse encore lire ces mots :

> CY GIST DEMOISELLE JEHNE (1) LA TIRELLE FAME GUILLE (2) TIREL FILLE DE FEU JEHNE LA BONARDE QUI TRESPASSA L'AN MIL CCC LVIII LE MERCREDI AVANT LA FESTE S. MATHIEU APOSTRE ET ÉVANGELISTRE. PRIEZ POUR ELLE.
>
> CY GIST GUILLE TIREL SERGENT D'ARMES DU ROI NRE (3) SIRE ET JADIS QUEU DU ROI PHE.... (4) LE C ..... CELLE ET
>
> DALPHYN DE VIENN..... (5)
> QUI......
> CCC..... X LE JOUR S. ANDRÉ (6).
>
> CI GIST ISABEAU LA TIRELLE FAME GUILLE TIREL FILLE DE FEU........ LE CHANDELIER QUI TRESPASSA L'AN MIL CCC......

Cette pierre est celle de Guillaume Tirel, sire de Taillevent, et des deux femmes qu'il a successivement épousées.

Il n'a pas été parlé, en 1680, des tombes de Guill. Lemoine et de Guill. Tirel ; doit-on en conclure qu'elles ne se trouvaient pas alors à Hennemont ? faut-il supposer que ce sont les deux tombes

---

(1) Jehanne.
(2) Guillaume.
(3) Nostre.
(4) Philippe.
(5) Viennetis.
(6) Ou S. Aude (18 nov.) S. André 30 nov.

du xiv⁰ siècle découvertes dans l'église de Saint-Léger, lors des réparations faites en 1778, réparations qui forcèrent le prieur d'Hennemont, curé de Saint-Léger, à fixer pendant quelque temps le siège de la paroisse de Saint-Léger dans l'église de Notre-Dame d'Hennemont, ainsi que le constate un acte de mariage inscrit aux registres de la paroisse de Saint-Léger, le 20 avril 1779 ?

Nous n'avons aucune preuve à cet égard ; et quoique ce point nous semble, après tout, fort peu important pour la gloire d'Hennemont, peut-être vaut-il mieux nous contenter des apparences et supposer une erreur ou un oubli dans le manuscrit de 1680. Du reste, nous saurons sans doute bientôt à quoi nous en tenir pour Tirel de Taillevent, dont nous avons déjà vu le nom à propos de l'hôtel qui lui avait appartenu et qui figure dans les déclarations des religieux. M. le baron Jérôme Pichon, un de nos bibliophiles distingués, s'est beaucoup occupé de Taillevent, auteur *du Viandier*, vieux livre de cuisine, publié, pour la première fois, en 1490 ; c'est lui qui a constaté le premier que Guillaume Tirel était le sire de Taillevent et il assure avoir en mains les documents établissant que Guillaume Tirel dit Taillevent a bien été inhumé à Hennemont. Nous regrettons vivement que la dissertation préparée sur ce point par M. le baron Pichon et pour laquelle il a, bien entendu, conservé exclusivement ses renseignements, n'ait pas encore été publiée.

Quoiqu'il en soit, Hennemont est assez riche en souvenirs pour ne pas craindre de perdre une pierre de ses tombeaux, si précieuse qu'elle puisse paraître.

Voilà, Messieurs, la demeure que nous allons visiter.

Disons de suite que M. Charles Gosselin, depuis qu'il a acquis cette propriété, y a fait des additions considérables qui lui rendent beaucoup de son ancienne splendeur. Mais, comme les religieux du prieuré, en 1684, nous devons déclarer qu'une grande partie des terres dépendant d'Hennemont ont été de nouveau enfermées dans la forêt : — c'est une singulière destinée, — seulement aujourd'hui, à la différence de ce temps-là, il y a eu indemnité immédiate.

Pour aller de Saint-Germain à Hennemont, l'on peut suivre une route belle et facile qui continue la rue de Pologne, ou bien l'on peut prendre, dans les beaux jours, de jolis sentiers où les fleurs des champs vous appellent, et où, souvent, l'on chemine au milieu des blés qui murmurent doucement avec mystère au faible souffle de la brise, dans les chaudes matinées de juillet. On jouit déjà du magnifique panorama des vallées et des coteaux qui s'étendent depuis Montaigu jusqu'aux arcades de Marly, paysage grandiose, que rend encore plus éclatant, aux jours de grand soleil, le contraste des masses sombres de la forêt de Saint-Germain que le voyageur laisse à sa droite.

Hennemont se compose aujourd'hui d'une ferme et d'une maison d'habitation avec ses dépendances, auprès de laquelle s'élève un charmant châlet, reste de l'ancienne habitation des prieurs. Nous ne vous donnerons pas la description des bâtiments ; nous avons dit déjà que l'église avait été conservée en grande partie ; nous ajouterons seulement que M. Gosselin a réuni, avec une persévérance dont nous devons le remercier vivement, toutes les pierres tumulaires qu'il a pu trouver dans les diverses parties de sa propriété, où elles avaient été dispersées à une autre époque. Nous vous signalerons cependant encore, dans les bâtiments de la ferme, une grange élevée du temps des religieux ; malgré sa construction rustique, elle a un caractère vraiment solennel, et elle offre complétement les dispositions intérieures d'une église. Mais ce que nous voulons voir surtout, c'est le jardin, où nous aurons plus d'une fois à adresser des éloges à l'un de nos bons collègues, M. Firmin Balochard, jardinier de M. Gosselin.

Au-devant de la maison s'étend une vaste pelouse, garnie

d'ajoncs rubanés et de gracieuses corbeilles de fleurs, et autour de laquelle s'élèvent un beau paulonia, qui était chargé de fruits lors de notre visite, un tulipier remarquable, un accacia féroce armé de pointes terribles, et un massif d'altéas, d'au moins quatre mètres de hauteur.

A droite sont les serres, parfaitement établies, et disposées avec le plus grand soin. D'abord une serre chaude, où nous avons remarqué des ficus, des palmiers, un hoya carnosa, un bilbergia farinosa, plus de vingt variétés de begonias, un crinum, balançant au moindre souffle sa blanche fleur délicatement découpée, dont le parfum prodigue la vanille et le jasmin.

Puis une serre tempérée, dont le mur, orné d'un bassin que surmonte un petit rocher, est gaiement tapissé de passiflores. Au milieu de cette serre, est ménagée une salle tout-à-fait artistique, pavée d'une mosaïque toute singulière, confortablement et gracieusement disposée, et prenant vue sur la campagne que l'on peut regarder bien loin, bien loin.

Il y a encore une autre serre tempérée, garnie d'une roche, avec un bassin qu'entoure aussi la passiflore. Dans cette serre, nous avons vu plusieurs *canna* à grandes tiges, d'une très-belle culture.

En suivant, nous rencontrons le premier verger, dont les murs sont garnis de pruniers et de vignes en espaliers, au-devant desquels s'étendent des cordons de vigne.

A la suite est le second verger, dont le premier mur transversal présente des espaliers de pommiers remarquables. Ce verger, qui pour une partie est aussi un potager, est très-beau, très-varié, très-complet, très-soigné ; les arbres fruitiers de toute nature y sont à profusion ; on y voit des allées de quenouilles que l'on ne voudrait pas quitter. Sur le mur transversal du fond, s'étend un magnifique espalier de vignes, parmi lesquelles figurent plusieurs pieds de raisin de Jésus ou de Jérusalem, aux larges feuilles, au fruit doux et sucré.

Le troisième verger est plus nouveau que les deux autres ; il contient beaucoup d'arbres fruitiers en espaliers, des quenouilles nombreuses ; tous sujets amenés par M. Firmin à d'excellentes dispositions, dont quelques-uns n'ont fait encore que des promesses, mais dont beaucoup d'autres ont donné déjà de riches réalités. Du reste, ces vergers sont si puissants, si luxuriants, que lorsqu'on les parcourt, on est, à chaque pas, forcé de lutter contre des tentations fort graves, pendant près d'un kilomètre. Sur plus de cinquante pêchers à plantation en oblique, qui garnissent les derniers espaliers, M. Firmin a pratiqué des greffes par approche avec beaucoup de succès.

Puisque nous parlons de cet excellent jardinier, disons-lui que si jusqu'à présent nous n'avons pas manifesté plus souvent notre pensée à son égard, c'était uniquement afin d'éviter des redites ; aussi, pour lui payer à la fois ce qui lui est dû, hâtons-nous de constater la vive satisfaction que votre Commission a éprouvée en examinant les divers travaux de M. Firmin, soit comme création, soit comme entretien, et de rappeler les éloges mérités qu'elle lui a déjà adressés et qu'elle se plaît à lui renouveler ici.

Il existe encore des arbres fruitiers et des espaliers sur le côté de la propriété qui regarde Fourqueux. Là se voient beaucoup d'arbres du temps des religieux ; quelques-uns même n'ont plus en quelque sorte que l'écorce, et cependant ils offrent encore une végétation très-satisfaisante. C'est à la suite de ces allées d'arbres et en revenant près de la maison, que sont placées les principales cultures de fleurs de M. Gosselin. Il y en a de toutes sortes, soignées par le jardinier avec autant de sollicitude que les fruits ; il y a surtout une collection de glaïeuls qui mérite une attention particulière.

Il nous reste à vous parler de la partie disposée en parc ; nous ne pouvons mieux faire que de vous énumérer simplement ce que nous avons vu : les grandes pelouses au milieu desquelles serpente un cours d'eau ; les accidents de terrains ménagés avec un rare bonheur ; des coteaux et des vallées des plus pittoresques et ayant quelque chose de grave et de sérieux ; des allées opulentes ; des sentiers sinueux, couverts, ombreux, d'où s'échappe tout-à-coup un oiseau craintif, au milieu du bourdonnement incertain des insectes qui fuient le soleil. Nous admirions ce parc, Messieurs, et nous étions étonnés d'y rencontrer des traces que nous aurions pu, sans injustice, attribuer au passage d'un esprit viril, et d'y trouver en même temps le cachet indélébile de la grâce et de la séduction que l'on n'accorde habituellement, avec raison, qu'au génie de la femme. Le mystère nous a été expliqué, et nous avons appris que c'était Mme Gosselin qui avait dessiné son parc. Nous n'avons plus été surpris, mais nous avons toujours admiré, car Mme Gosselin a merveilleusement réussi, et notre Société d'Horticulture devrait, à notre avis, lui décerner officiellement des éloges.

Ce n'est pas tout encore. Nous n'avons fait que passer devant la double allée de tilleuls séculaires ; — nous disons séculaires, et certainement nous n'exagérons pas, car, en 1790, lors des expertises faites pour parvenir à la vente de ces biens devenus nationaux, ces tilleuls étaient déjà qualifiés de *vieux arbres*.

Allons d'abord jeter un coup-d'œil sur ces deux charmants massifs de frênes à fleurs, et, à nos pieds, nous verrons se développer un immense horizon, depuis le désert de Retz jusqu'à Marly, avec le plus admirable panorama de Saint-Germain. Maintenant, prenons l'allée des tilleuls ; nous avançons sous un dôme de feuillage que le soleil ne pénètre pas, même dans les plus grandes chaleurs, nous arrivons sur une terrasse où l'on respire toujours un air frais et pur, — et nous avons de ce côté encore une vue illimitée : Paris, Saint-Denis, Pontoise, Triel, Vaux, les points les plus opposés et les plus extrêmes, les pays intermédiaires, enfin plus de cinquante localités diverses, que l'on découvre sur une étendue de trente-deux kilomètres, et qui forment autour d'Hennemont la plus splendide ceinture, que bordent les cîmes bleuâtres et indécises des grands coteaux dans le lointain.

Il faut partir. Plus d'une fois on tourne la tête pour regarder derrière soi, en souvenir des lieux que l'on quitte et de ceux qui les habitent, car ni les uns ni les autres ne peuvent s'oublier; au moins, Messieurs, l'on trouve une consolation sérieuse à voir que les restes historiques d'Hennemont sont venus entre les mains d'un homme dont l'intelligence et le goût sont à la hauteur des traditions et du passé de son domaine.

SAINT-GERMAIN-EN-LAYE. — IMPRIMERIE H. PICAULT, RUE DE PARIS, 27.

www.ingramcontent.com/pod-product-compliance
Lightning Source LLC
Chambersburg PA
CBHW060955050426
42453CB00009B/1180